Sorina Iuganu
Nedumeriri, vise

Sorina Iuganu

Nedumeriri, vise

Editura Eagle

2018

Nedumeriri, vise
Copyright ©2018 Sorina Iuganu
Toate drepturile rezervate
Copyright ©2018 Editura Eagle pentru ediția curentă

Ilustrația copertei și ilustrațiile interioare: ©2018 Sorina Iuganu

ISBN: 978-606-8790-04-6

Descrierea CIP a Bibliotecii Naționale a României
IUGANU, SORINA
  Nedumeriri, vise / Sorina Iuganu. - Buzău : Eagle, 2018
  ISBN 978-606-8790-04-6

821.135.1

Editura Eagle
Tehnoredactare: Mihaela Sipoș
Coperta: Mihai Moldoveanu
www.edituraeagle.ro
redactia@edituraeagle.ro

Servicii editoriale:
www.editura-virtuala.ro

*Culorile vin din Soare.
Cuvintele, din Lună oare?*

Poetul, ca și umbra,
   Atârnă de un punct Luminos.

Îți scrijeleam desene pe brațul drept,
sperând ca din ele să vă sară o aripă.
Îți desenam zmee pe brațul tău stâng,
ție de zbor îți era tot mai frică.

Culcă-te-n mine, Lumină,
Soare-n ochi, cu Lună plină!

Oh, ale mele umbre,
grea povară-mi sunteți!
N-aveți o Lumină?

- Mă doare carnea: gând cu gând!
- Dormi alungită-n Cuvânt!

Unde ești tu, umbra mea?
Adormi, te prelingi pe o stea.

Mă odihnesc într-un singur Cuvânt:
Sunt!

Te alungeai oblic printre stele,
Le fugăream, zărind printre ele.
Zâmbeai, și-mi vorbeai fulgerând:
– Vine furtuna curând, prea curând!

- Nu vezi că n-ai aripi?
- Nu vezi că zbor?
Mi-e scris pe pene
cuvântul DOR.

— O, umbră, până unde poți tu păși?
— De la A pân-la SAU, pân-la ȘI...

Păsările mâncau ochi,
Iar ochii zăreau printre ele...
Zburat-au luminile de pe stele.

- De ce-mi pleci tu așa departe?
- Sunt mai aproape, spre șapte.
- Atât îți este de ușor?
- Păi, lângă șapte nu-mi este dor!

Plouă câinii – între noi.
– Rogu-te, dă-mi Lumina-napoi!
...– Și unde pleci?
– M-aplec spre-un lătrat,
să ai raza într-un cerc pătrat!

Nu avem decât să toarcem lâna...
Cine taie firul?

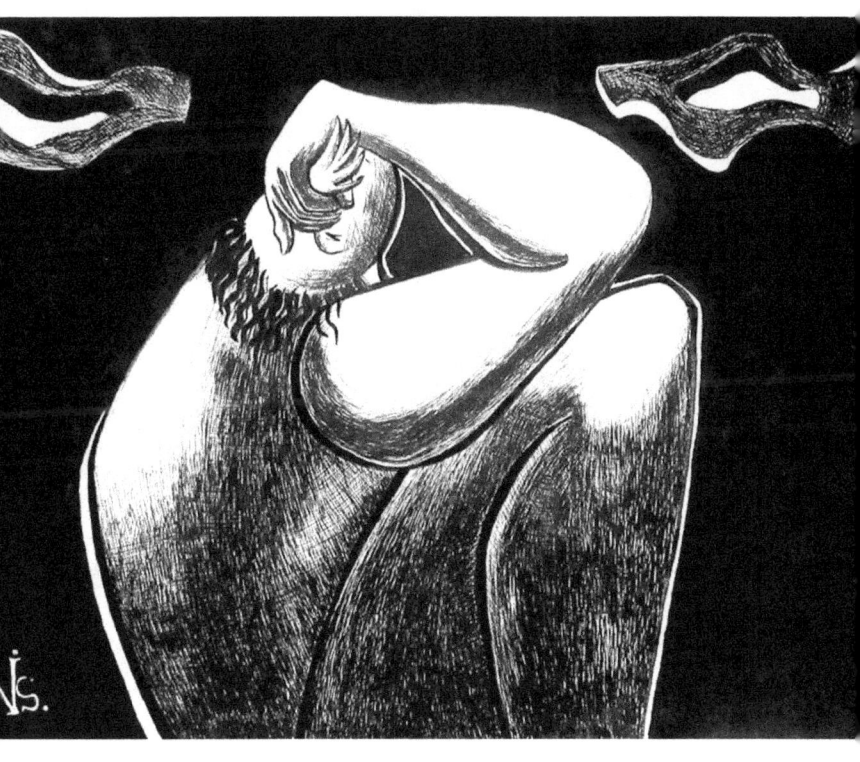

- Hei, îngere, încotro?
- Sărut peștii mării.

*Un om, o pasăre,
un zbor.
O umbră, o pană,
Cobor!*

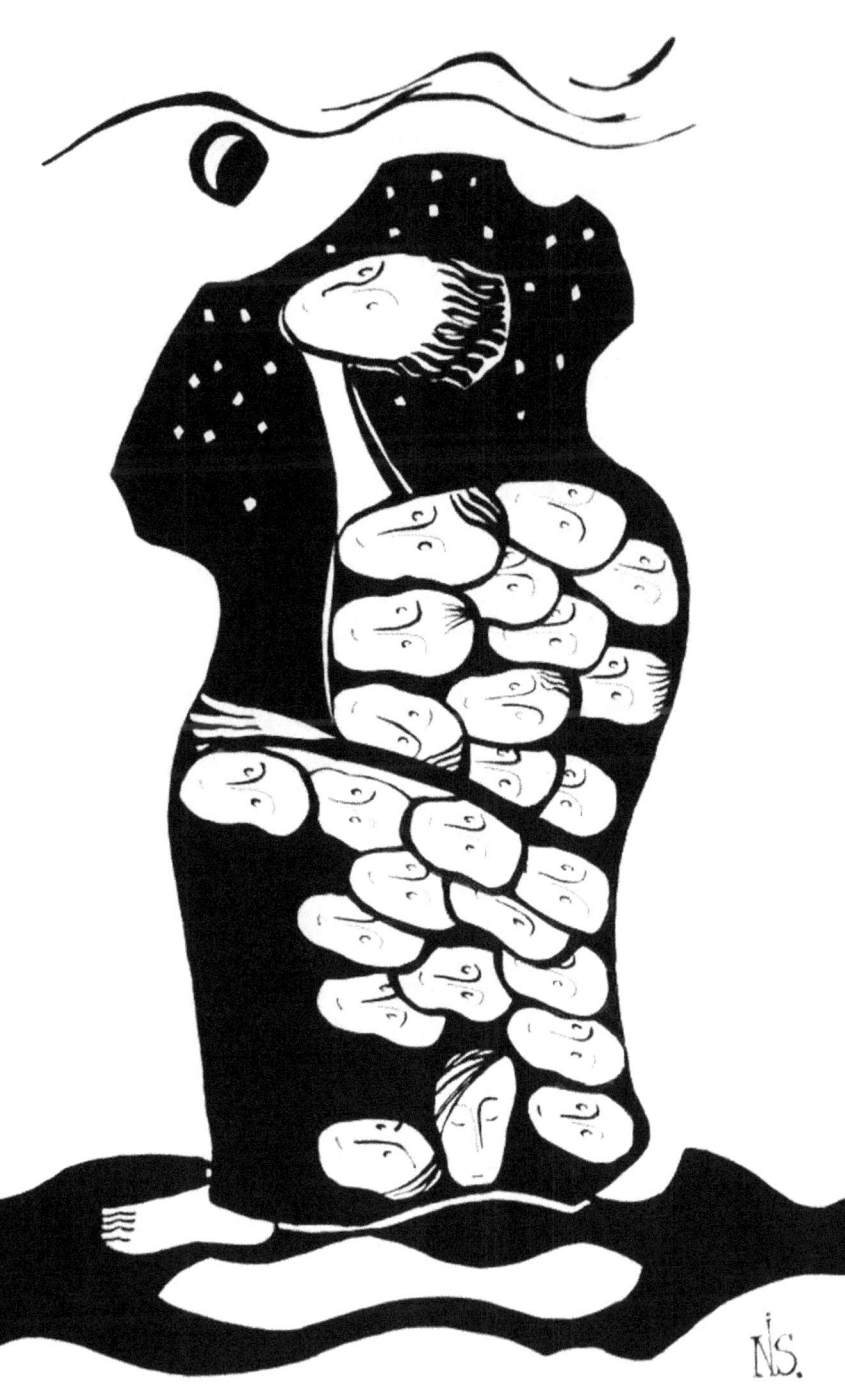

- Până când mai tăiați din cuvânt?
- Pân-om bate-n cui osul sfânt!

- Te rog, nu mă clătina!
Sfârtec o linie în echilibru.
- De ce țipi așa?
Caută bine prin buzunare aripile!

Mă mir de tine,
Mă mir de mine,
Mă mir de mirare: ce bine!
Nu mă mir: ai plecat.
Nu mă mai mir: a zburat
pasărea cu pene prelungi...
A fâlfâit zborul,
N-ai cum s-o ajungi!

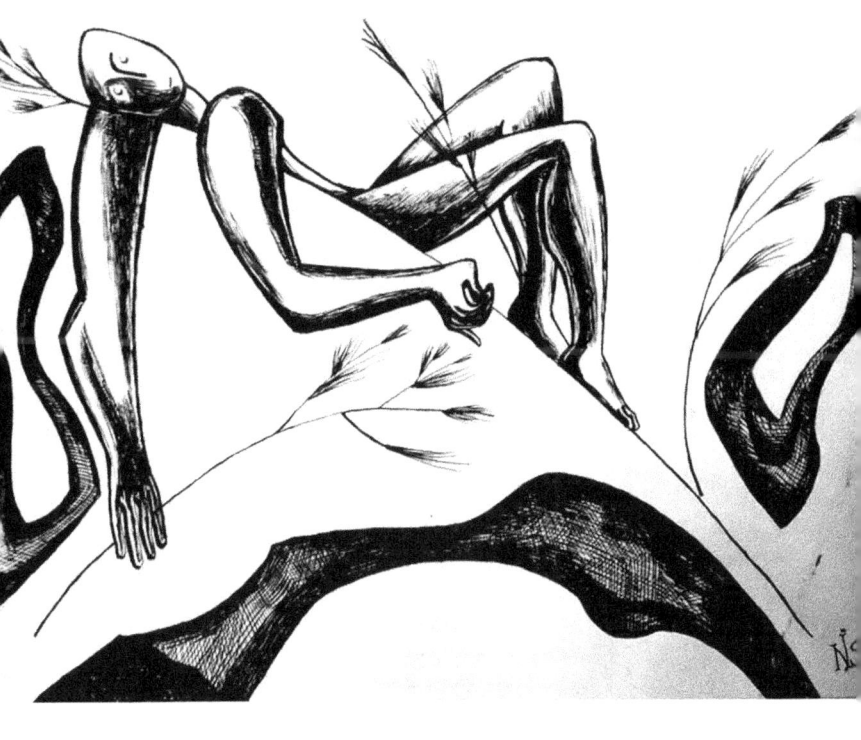

Ca un arc, lumina se încorda.
Privesc. Mult mă mir:
mâna mea!

*Pe cerul limbii îmi zboară-un cuvânt:
cânt, cânt, cânt, cânt...*

- *Da-ți-mi un motiv să râd!*
- *Ia plângi tu puțin, puțin...*

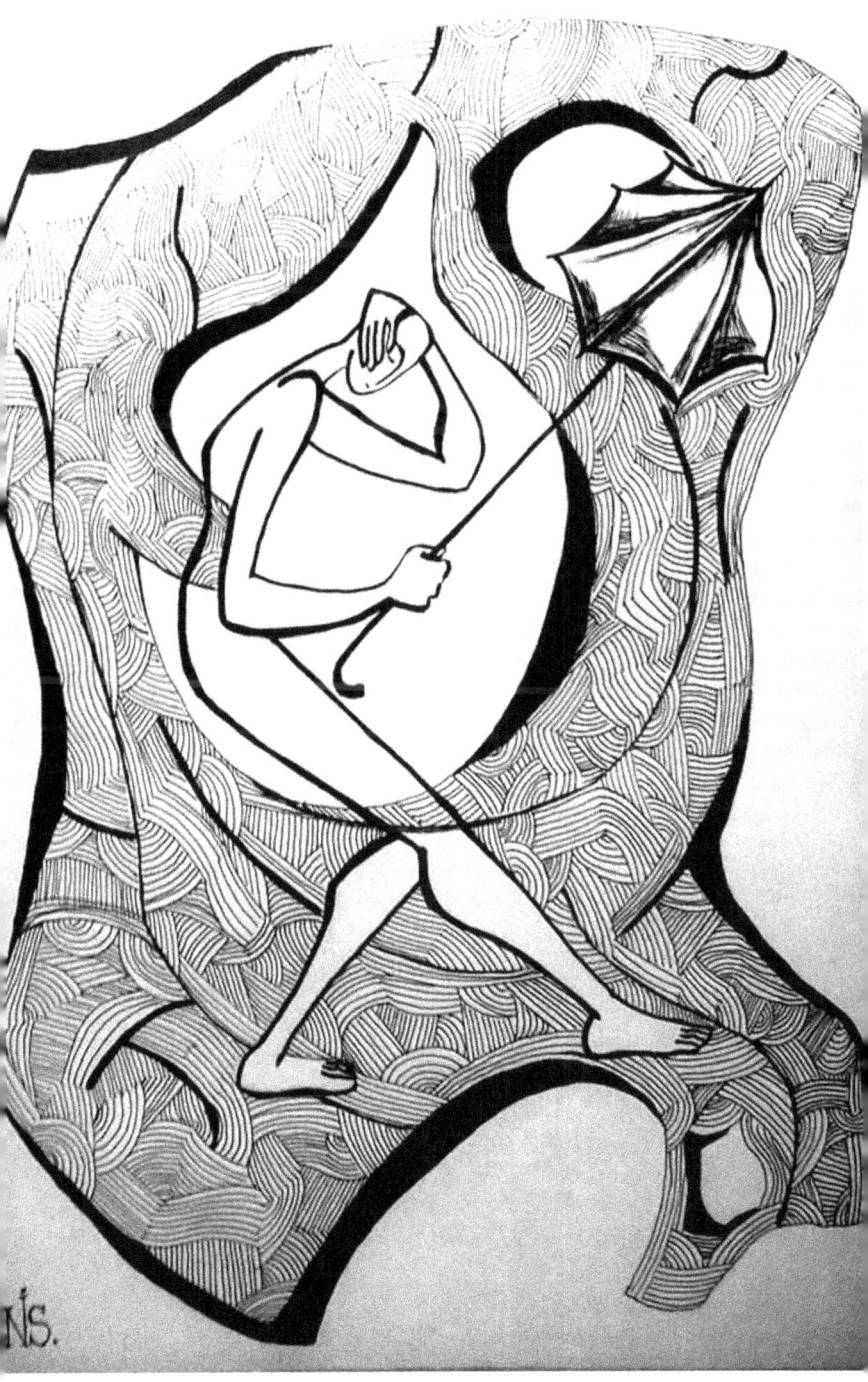

- Scrijelește-mi un vers pe aortă!
- Nu pot, mă-ncurcă aripa-n mers!
- Mulțumesc!

Molateci, pereții încet se topeau.
- Te-am trezit eu?

Oblic, peștele zbura,
Iar călărețul căzu din șa.
...În zig-zag, Soarele plutea spre Amurg.

- Fierbe la focul cel molcom osul,
În măduvă doarme Hristosul!

- Lăsați-mă să zbor în pace!
Nu-mi place ce vouă vă place!
Umpleți-vă buzunarele cu pietre și cuvinte.

– Hei, opriți visul,
Opriți Lumina!
Se apleacă în zbor ghilotina.

Plânsul meu curge
până la hohot.
- Ați râs?

- Rămâne doar ce este scris cu sânge, atât!
- ... Cine a aprins focul?
- Nu știu! Pietre nu mai creșteau!

Păsările dansau în cerc.
- Dă-mi o spirală, o scară!
- Nu pot, caută-ți un vers!

Plutea îngerul –mult călător.
- Mă aștern peste tine.
- Învață-mă să zbor!

Ca un pește scrijelit,
Soarele, rănit, răsare.
- Să fiu eu? Eu să fiu oare?

- Mă doare Cuvântul!
- Te doare? Mai ia!

Fragmentat în unghiuri,
Soarele plutea în zig-zag.
Iar eu mă jucam cu cioburile...

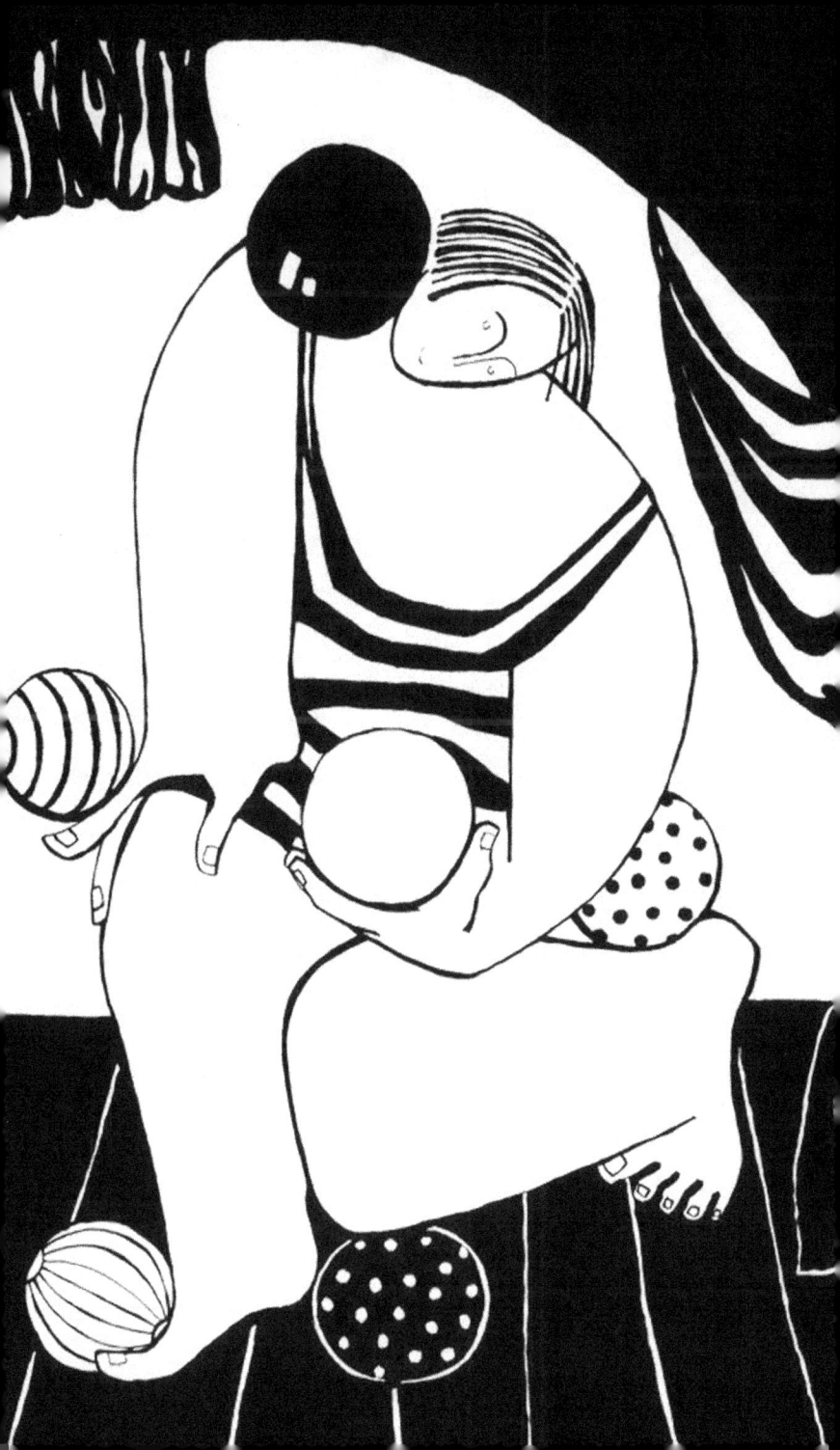

- Rogu-te, nu mai țipa, pasăre bună!
Auzul inimii mi-l sfârteci.
Lasă cântecul să-mi fie!

- Zboară, pasăre! Zboară!
- Nu pot, mă dor picioarele,
Iar aripile se chircesc într-o flască melodie...

- Vreau să urc!
Dă-mi scara!
- Muritorule, plimbă-te pe-un unghi!

Nedumeriri, vise de Sorina Iuganu
Editura Eagle, Ediție Princeps (2018)
Format: 13 x 20 cm
Număr de pagini: 50
www.edituraeagle.ro
E-mail: office@edituraeagle.ro

www.ingramcontent.com/pod-product-compliance
Lightning Source LLC
Chambersburg PA
CBHW072038060426
42449CB00010BA/2335